VENTE

DU VENDREDI 3 MAI 1895

Hôtel Drouot, Salle N° 7

A 2 HEURES 1/4

Jolis Éventails

DES ÉPOQUES LOUIS XV ET LOUIS XVI

BELLES ÉTOFFES BROCHÉES

DES ÉPOQUES RENAISSANCE, LOUIS XIV, LOUIS XV ET LOUIS XVI

DENTELLES ANCIENNES

Point d'Alençon, Malines, Guipures, point de Venise

PORCELAINES & FAIENCES

TAPISSERIES

Provenant de la Collection de M. J. A...

Mᶜ G. DUCHESNE
Commissaire-priseur
6, Rue de Hanovre 6,

M. A. BLOCHE
Expert
28, rue de Châteaudun, 28

EXPOSITION PUBLIQUE

Le Jeudi 2 Mai 1895, de 2 h. à 6 h.

IMPRIMERIE ARTISTIQUE

E. MÉNARD & Cⁱᵉ

Bureaux et Ateliers: PARIS — 8, RUE MILTON

CATALOGUE

DE

JOLIS ÉVENTAILS

DES ÉPOQUES LOUIS XV ET LOUIS XVI

BELLES ÉTOFFES BROCHÉES

Portières — Bandeaux — Tapis de tables — Dessus de lits
Dessus de sièges — Chapes — Chasubles
en brocart, velours, satin et soie

DES ÉPOQUES RENAISSANCE, LOUIS XIV, LOUIS XV ET LOUIS XVI

Dentelles Anciennes

Coupes en point d'Alençon, Malines, point de Venise
Mouchoirs — Chemin de table en guipure

PORCELAINES & FAIENCES FRANÇAISES & HOLLANDAISES

TAPISSERIES

Provenant de la Collection de **M. J. A...**

DONT LA VENTE AURA LIEU

HOTEL DROUOT, SALLE N° 7

Le Vendredi 3 Mai 1895

A 2 HEURES 1/4

———

Me Georges DUCHESNE	**M. A. BLOCHE**
Commissaire-Priseur	*Expert*
6, Rue de Hanovre, 6	28, Rue de Châteaudun, 28

———

EXPOSITION PUBLIQUE

LE JEUDI 2 MAI 1895, de 2 heures à 6 heures

CONDITIONS DE LA VENTE

La vente sera faite *expressément* au comptant.

Les acquéreurs payeront en sus des adjudications *cinq pour cent*.

L'exposition mettant le public à même de se rendre compte de l'état des objets, il ne sera admis aucune réclamation une fois l'adjudication prononcée.

Paris. — Imp. E. Ménard & Cie, 8, rue Milton.

ÉVENTAILS

1 — Joli éventail de l'époque Louis XV, monture en écaille avec figures et rocailles rehaussées d'or, feuille représentant une scène de l'histoire ancienne, composition de nombreuses figures, encadrement à fleurs et ornements offrant au revers une scène pastorale.

2 — Éventail du temps de Louis XVI représentant les plaisirs champêtres. Monture en nacre avec figures et ornements à rehauts d'or et d'argent.

3 — Éventail du temps de Louis XVI, feuille à sujet allégorique inspiré de Van Loo, monture en ivoire à figures et ornements rehaussés

d'or et d'argent, montants avec miniatures:
portraits de jeunes princes.

4 — Bel éventail époque Louis XV représentant les femmes de Darius implorant la clé-
mence d'Alexandre, monture en nacre, pleine
et repercée à jour, offrant en rehauts d'or mat
et poli des médaillons à personnages et oiseaux
encadrés de rocailles.

5 — Bel éventail de l'époque Louis XV, représentant Mars chez Venus entourés de nymphes
d'amours et de héros, encadrement à fleurs et
rocailles, monture pleine en écaille repercée à
jour avec médaillons à sujets et trophées allégoriques rehaussés d'or de différents tons.

6 — Éventail de l'époque Louis XV représentant une reine recevant des présents, monture
en nacre avec sujets et rocailles à rehauts
d'or.

7 — Éventail de l'époque Louis XVI représentant des scènes populaires, composition à nom-
breux personnages, monture en ivoire à figures
et ornements rehaussés d'or avec paillons ru-
bis et acier.

8 — Éventail du temps de Louis XVI représentant des couples d'amoureux venant faire des offrandes à l'amour, monture en nacre rehaussée d'or à figures et ornements.

9 — Curieux éventail en ivoire, décor à figures et rocailles offrant sur deux feuilles de différente hauteur, des scènes de chasse encadrées de fruits, de fleurs et d'ornements.

10 — Éventail Louis XV représentant une scène de l'histoire ancienne, composition de nombreuses figures, monture en ivoire finement repercé à jour, médaillons d'amours, fleurs et rocailles.

11 — Éventail du temps de Louis XV représentant les divertissements et les travaux champêtres, monture en nacre avec figures et rocailles rehaussées d'or.

12 — Éventail de l'époque Louis XV, scène genre Watteau à sujet champêtre, fleurs et rocailles, monture en ivoire décorée de guirlandes de fleurs et de dauphins avec médaillons, sujets

allégoriques : La fontaine des amours, et les
dons de Cupidon.

13 — Éventail de l'époque Louis XVI, feuille à
trois médaillons représentant la Déclaration et
les offrandes à l'Amour encadrés de gerbes et
de guirlandes brodées et pailletées, monture
en nacre à figures et ornements rehaussés
d'or.

14 — Éventail de mariage représentant une allé-
gorie à l'hyménée, composition de nombreuses
fiıures empruntées à l'histoire et à la mytho-
logie, monture en nacre à rehauts d'or
xviiie siècle.

15-16 — Deux éventails à double face à sujets,
dans le goût chinois, montures en nacre à personnages et ornements rehaussées de peintures.
Époque Louis XV.

17 — Éventail représentant des scènes de monas-
tère, monture en ivoire rehaussée d'or et d'argent, xviiie siècle.

18 — Éventail en ivoire rehaussé d'argent avec
feuille à trois médaillons : scènes pastorales.
Époque Louis XVI.

19 — Éventail du temps de Louis XV représentant les divertissements champêtres, monture
en écaille rehaussée d'or et d'argent.

20 — Éventail représentant Éliezer et Rebecca,
monture en ivoire sculpté à personnages et
ornements. Époque Louis XVI.

21-25 — Dix éventails de style Louis XV et
Louis XVI, montures en nacre repercée à jour
et rehaussée d'or. (Sera divisé.)

26-30 — Neuf éventails montures en ivoire sculpté
et repercé, rehaussé d'or. (Sera divisé.)

31-36 — Douze éventails montures en ivoire uni.
(Sera divisé.)

ÉTOFFES

37 — Belle portière en ancien velours rouge à
fleurs et ornements sur fond d'or métallique.

38 — Bandeau et trente-six morceaux ou dessus
de sièges en même étoffe.

39 — Grande bande en satin broché à bouquets
de fleurs sur fond bleu et rayures fond rose et
or. Epoque fin Louis XV.

40 — Jolie coupe en dauphine Louis XVI, fond
blanc argent à rayures ton sur ton et bouquets
de fleurs mesurant 7 mètres.

41 — Deux bandes en brocart de la Renaissance,
dessin à palmes, fleurs et couronnes en or sur
fond rouge.

42 — Grande chape en ancien brocart vénitien à cachets et ornements brochés en or sur fond rouge.

43 — Belle portière en dauphine Louis XIV, décor à branchages fleuris sur fond crême.

44 — Joli bandeau en soie fond crême broché ton sur ton, décor à bouquets de fleurs et ornements, feuillage en brocart d'or. Epoque Louis XV.

45 — Beau bandeau en soie fond rouge à large dessin broché fond crême à fleurs en chenille, décor à bouquets de fleurs. Époque Louis XV.

46 — Cinq morceaux en même étoffe.

47 — Belle jupe en ancien brocart d'or, dessin à réserves de fleurs sur fond argent. Époque Louis XV.

48 — Très beau tapis de table en ancien brocart Louis XIV fond bleu, décor à ornements, fleurs et fruits en brocart d'or, bordure à franges de soie et fils métalliques.

49 — Beau bandeau Louis XVI en brocart d'or
et d'argent à raies, décor à bouquets de fleurs
ornements à paillettes.

50 — Tapis de table en brocart, fond bleu pâle,
dessin broché ton sur ton, décor à branches
de fleurs en soie et argent. Époque Louis XV.

51 — Coupe de velours rouge mesurant 8^{m}65.

52 — Grande pièce de tenture en crêpe de Chine
rose pâle, brodé sur les deux faces de fleurs et
d'oiseaux en soie.

53 — Dessus de Dais en soie brochée à fleurs sur
fond crême et bandes métalliques.

54 — Quatre lambrequins en même étoffe.

55 — Morceau de brocart du temps de la Renaissance, dessin feuillagé blanc sur fond vieil or.

56 — Chasuble en ancien velours vert éme-
raude.

57 — Pente en ancien velours de Gênes, dessin
à palmes, en rouge sur fond d'or.

58 — Bande en ancien velours rouge, ciselé à
fleurs et entrelacs ton sur ton.

59 — Culotte en ancien velours rouge frappé, décor à gerbes de fleurs et armoiries pontificales.

60 — Tapis de table en velours jardinière à
fleurettes détachées sur fond gris en partie
métallique, bordure à franges de soie. Epoque
Louis XVI.

61 — Chape en soie brochée, à ornements, bouquets et vases de fleurs, sur fond vert. Époque
Louis XIV.

62 — Chape en satin cerise brochée, à raies
noires et décorée en relief de fleurs, et ornements en or et argent. Époque Renaissance.

63 à 66 — Quatre jupes en ancien satin cerise.
(Sera divisé.)

67 — Grand dessus de lit en damas rouge. Époque Louis XIV.

68 — Chasuble en soie vieux rose, brochée ton sur ton, décor à ornements et bouquets de fleurs en brocart d'argent. Époque Louis XV.

69 — Chasuble en brocart, fond rouge à dessin de fleurs et d'ornements, feuillage brochée en or. Époque Louis XV.

70 — Chasuble en brocart d'or et d'argent à ornements, fleurs et palmes sur fond saumon. Époque Louis XIV.

71 — Chasuble en brocart Louis XIV, fond rose à fleurs en soie et feuillage en or et argent, plus un morceau d'accompagnement.

72 — Dos de chasuble, en satin fond rouge, dessin à fleurs et branches fleuries en soie sur fond à palmes et feuillage en brocart d'or. Époque Louis XV.

73 — Deux pièces, garnitures de siéges, en ancien brocart à fleurs et palmes sur fond lilas.

74 — Deux rideaux en brocatelle à fleurs et rinceaux, en bleu sur fond blanc argent.

75 — Deux morceaux en ancien velours violet et une culotte en vieux velours orange.

76 — Dessus de lit en toile de Jouy.

77-78 — Deux coiffures gothiques, brodées en argent doré.

79 — Lot de galons en velours de Gênes, mesurant environ 11 mètres.

80 — Lot de galons à armoiries cardinalices, mesurant environ 73 mètres.

81 — Un lot de galons fond blanc, à médaillon de velours rouge, 10 mètres.

DENTELLES

82 — Chemin de table en guipure. Long. 3 mètres. Larg. 0^m85.

83 — Coupe en point d'Alençon Louis XVI. 5^m3o.

84 — Coupe en ancien point d'Alençon. 2^m8o.

85 — Coupe en ancien point d'Alençon. 2^m85.

86 — Coupe en même dentelle. 3 mètres.

87 — Coupe en ancien point d'Alençon. 1^m7o.

88 — Coupe en point de Venise de soie.

89-92 — Quatre coupes en ancien point d'Alençon, mesurant, 2 mètres, 1^m55, 1^m85 et 1^m75. (Sera divisé.)

93 — Deux coupes en vieux point d'Alençon.
5 mètres.

94 — Entourage de mouchoir en point d'Alençon
moderne. 2^{m}30.

95-98 — Douze mouchoirs garnis en ancienne
dentelle de Malines. (Sera divisé.)

99-102 — Quatre coupes en ancienne dentelle
de Malines, mesurant 1^{m}70, 1^{m}95, 2^{m}55, 2^{m}20.
(Sera divisé.)

103 — Soupière oblongue en ancienne faïence de
Moustiers, décor vert, à groupes d'Amours
dans des paysages.

104 — Soupière ronde côtelée, en même faïence.

105 — Écuelle et son couvercle en ancienne faïence
de Moustiers, décor à bouquets de fleurs en
bleu et jaune.

106 — Saucière en même faïence, décor à fleurs.

107 — Plat creux oblong, en vieux Moustiers, décor polychrome.

108 — Plat long à bords contournés, en ancienne faïence de Moustiers, décor en bleu, dans le goût de Bérain.

109 — Fraisier en faïence de Delft, fond ajouré, à décor bleu.

110 — Plat oblong, à bords contournés en vieux Moustiers, décor en bleu et jaune.

111 — Grand plat long, creux, en ancienne faïence de Moustiers, décor central et brodure en bleu sur fond blanc.

112 — Grand plat rond, en porcelaine blanche de Tournai, décor en bleu à bouquets de fleurs.

113 — Grand plat, en ancienne faïence de Strasbourg, décor à la rose.

114 — Trois plats en vieux Delft polychrome.

115-129 — Trente plats ou assiettes, en ancienne faïence de Delft, Moustiers, Marseille et Strasbourg. (Sera divisé.)

130 — Pot en ancienne porcelaine, décoré d'un médaillon, à figures de Pêcheurs au bord de la mer, bordure à castels d'oiseaux, encadrés de rinceaux et d'ornements.

131 — Pot et couvercle en porcelaine de Sèvres, décor à bouquets de fleurs.

TAPISSERIES

132 — Tapisserie, représentant un Épisode de l'histoire de Psyché.

133 — Tapisserie de la Renaissance, offrant au centre un sujet mythologique dans un encadrement à enroulements et figures d'Amours, bordures à armoiries et trophées d'instruments de musique.

134 — Garniture de canapé en tapisserie, au point à fleurs et encadrements. Époque Louis XV.

135 — Douze morceaux de tapisserie ancienne, au point et au petit point.